...que d'OMBRES ET LUMIÈRE

LES
AGRANDISSEMENTS
PHOTOGRAPHIQUES

Petit Guide de l'Amateur

dans les

différents Procédés d'Agrandissement

par

A. MIDOL

Prix 10 CENTIMES

Le Matériel d'Agrandissement
Les Appareils, leurs diverses combinaisons
Manière de procéder avec chacun, le temps de pose
Le développement, le fixage, le montage
Tours de main divers, etc.

EN VENTE CHEZ TOUS LES LIBRAIRES
ET AUX BUREAUX D'**OMBRES ET LUMIÈRE**
8, Boulevard Magenta, Paris.

AMPLIFICATEURS

en noyer poli, forme cône.

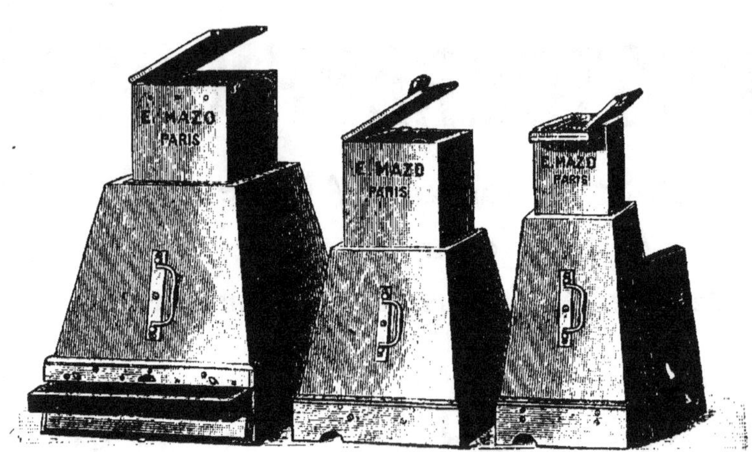

N° 68. — Amplificateur pour clichés vérascope, permettant leur agrandissement sur une plaque 13 × 18, avec objectif et châssis spécial permettant l'opération sans qu'il soit nécessaire de couper le cliché (fig. 68).

L'appareil comprend un châssis à rideau mobile qu'on peut charger dans le laboratoire.

PRIX..... .... 50 »

N° 69. — **Amplificateur fixe** en noyer poli, avec objectif grand angulaire rectiligne, et châssis entièrement à rideau mobile pour charger au laboratoire et agrandir les clichés dans une seule dimension (fig. 67).

Pour agrandir 6 1/2 × 9 en 13 × 18........... 45 »
— 6 1/2 × 9 en 18 × 24......... 55 »
— 9 × 12 en 18 × 24......... 55 »

N° 70. — **Amplificateur fixe** en noyer poli avec objectif grand angulaire rectiligne et châssis à rideau mobile pour le chargement au laboratoire (fig. 66).

Modèle pour faire les agrandissements en 2 et 4 dimensions.

Pour agrandir 6 1/2 × 9 en 13 × 18 et en 18 × 24....... 90 »
— 9 × 12 on 18 × 24 et 24 × 30 ainsi que 6 1/2 × 9 en 13 × 18 et 18 × 24...... .... 130 »

AVANT-PROPOS

Tout le monde aujourd'hui fait de la photographie.

Les voyages en devenant plus faciles et moins coûteux ont créé par milliers des amateurs nouveaux, tous désireux de rapporter au logis les sites qui les ont charmés particulièrement. Pour répondre à ces goûts, les fabricants se sont ingéniés à construire des appareils de dimensions extrêmement réduites afin qu'ils ne soient pas une gêne, une fatigue pour le touriste comme l'étaient les appareils anciens. Mais les détectives, les photo-jumelles avec leurs clichés microscopiques ont fait surgir une nécessité nouvelle : l'agrandissement.

D'un autre côté, parmi les amateurs photographes d'humeur sédentaire, il y en a certainement beaucoup qui désireraient agrandir les portraits des êtres qui leur sont chers, surtout quand les clichés en sont particulièrement réussis, mais qui reculent devant des difficultés et des dépenses qu'ils se sont exagérées.

Les photographies de dimensions courantes garnissent de façon intéressante un dessus de table ou de cheminée, et les amateurs ne manquent pas d'en exposer ainsi quelques-unes dans le désir secret de les faire admirer par leurs visiteurs. Il est toujours très doux de s'entendre louanger pour ce que l'on fait de bien ! N'est-ce pas d'ailleurs la légitime récompense de la peine qu'on s'est donnée? Mais avec ces photographies minuscules, l'amateur se trouve dans l'obligation de convier lui-même ses amis à l'examen de ses œuvres, quémandant ainsi leurs compliments, à moins toutefois qu'il ne se résigne à les laisser partir sans en avoir soufflé mot ! Pourquoi? Parce que ces photographies par leur petitesse n'attirent pas la vue, ou que souvent les visiteurs, dans la crainte de paraître indiscrets, n'osent se rapprocher de ce qu'ils ne voient qu'imparfaitement.

L'agrandissement, au contraire, force l'attention : en ornant vos murs, il rivalise avec le dessin, la peinture, et, dans le portrait, les dépasse surtout par la vérité de la ressemblance ! La photographie, toujours un peu plate par elle-même, retrouve par l'agrandissement ses plans différents et le relief de la nature.

Tout à l'heure je disais que les amateurs s'exagéraient et les difficultés et les dépenses de l'agrandissement : je ne veux pas tarder plus longtemps à m'efforcer de le leur prouver. Si je fais quelques adeptes, je suis sûr qu'ils seront surpris de constater que leur matériel s'est amorti après dix ou douze agrandissements.

Ils se loueront alors d'avoir acheté cette brochure de deux sous, source pour eux de satisfactions nouvelles.

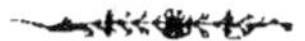

Des
Différents Procédés
d'Agrandissement

Les agrandissements se font soit avec une lanterne, soit avec une chambre noire à grand tirage, soit avec des appareils dérivés de l'un de ces deux systèmes ou des deux systèmes combinés.

DE L'AGRANDISSEMENT A LA LANTERNE

DESCRIPTION DU MATÉRIEL NÉCESSAIRE

Ce genre d'agrandissement ne nécessite comme matériel particulier que trois choses :

1° Une lanterne étanche à la lumière et munie d'un objectif à portrait.

(Les lanternes qui ne sont pas étanches peuvent être également utilisées par des procédés dont il sera parlé plus loin.)

2° Un châssis porte-négatif;

3° Un châssis pour papier sensible, ou bien une planche à dessin de 50 c/m sur 60 c/m.

J'ajoute pour mémoire les articles suivants, qui sont indispensables pour tous les genres d'agrandissements :

1° Un jeu de trois ou quatre cuvettes approprié aux dimensions des agrandissements projetés;

2° Une lanterne de laboratoire quelconque. (Toutefois comme il s'agira souvent de surveiller la venue d'images considérables, il est préférable d'avoir une lanterne possédant un pouvoir éclairant assez grand. Une lanterne à devant incliné et éclairée soit à la lampe à incandescence, soit au gaz, soit au pétrole est donc à recommander.)

3° Une pochette de papier au gélatino-bromure complète le matériel nécessaire.

DESCRIPTION DE LA LANTERNE D'AGRANDISSEMENT

Comme le montre la figure ci-contre, la lanterne d'agrandissement se compose d'un corps de tôle muni d'une cheminée étanche à la lumière. Une porte est ménagée à l'arrière pour

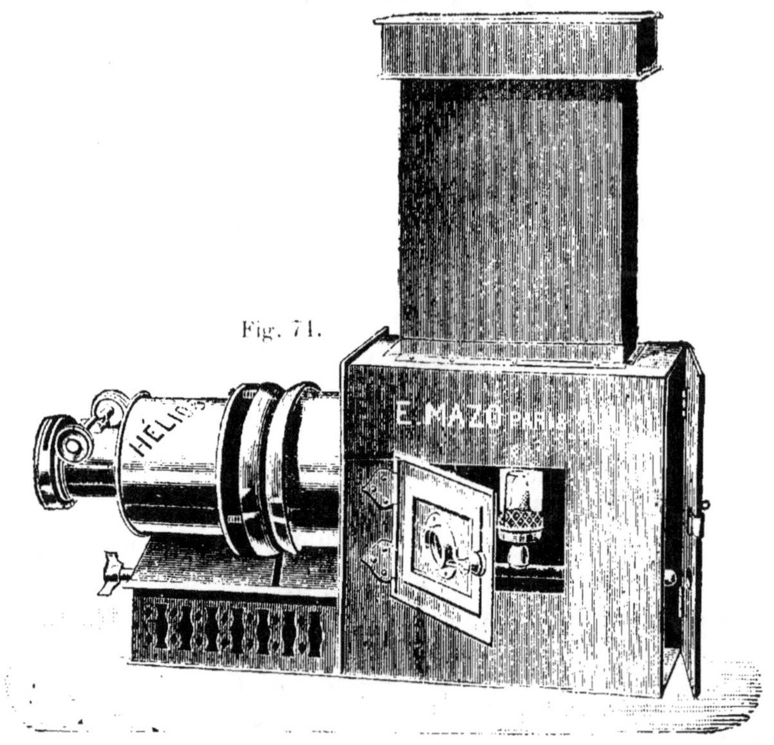

Fig. 71.

l'introduction du luminaire que l'on peut surveiller extérieurement au moyen d'un œilleton rouge placé sur une des faces latérales de la lanterne. A l'avant se trouve rattaché le système optique qui comprend :

1° Un condensateur formé par deux grosses lentilles plan-convexe (les côtés convexes se regardant) ;

2° Un objectif à portrait, muni d'une crémaillère et d'un diaphragme iris.

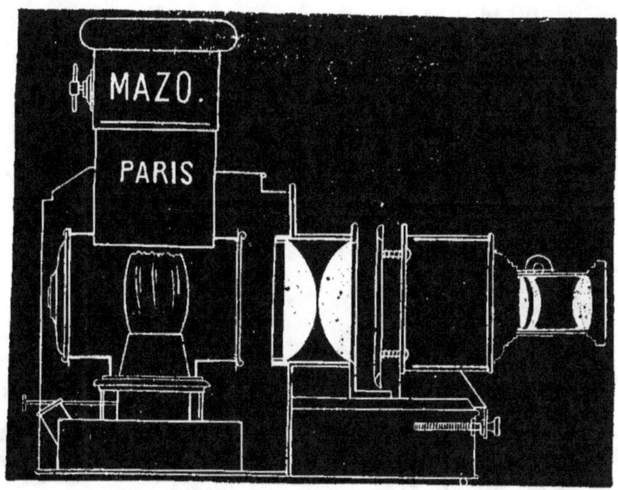

Entre le condensateur et l'objectif se trouve ménagée une rainure pour l'introduction du châssis porte-cliché.

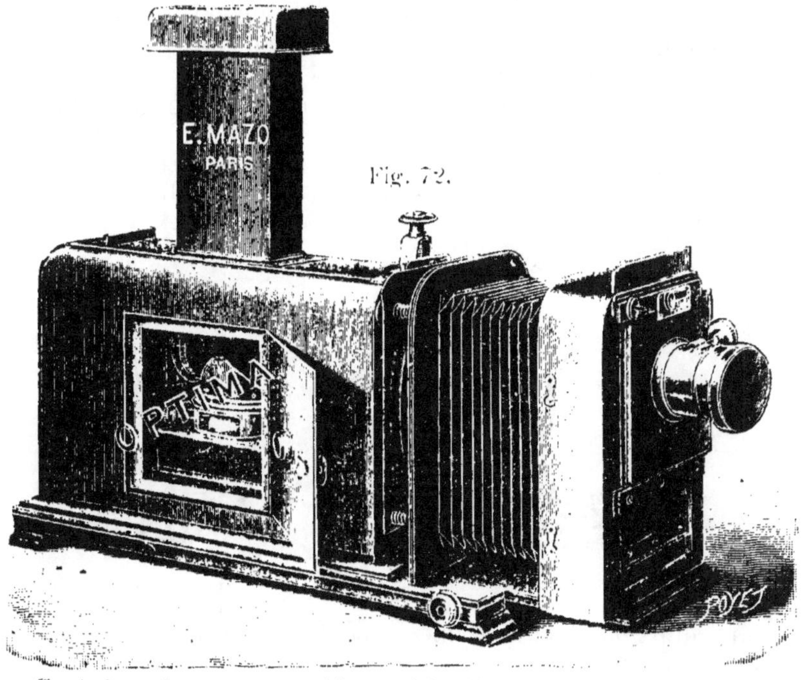

Fig. 72.

Certaines lanternes ont leur objectif monté tout simplement **sur** un tube coulissant dans un autre tube fixé à la lanterne devant le condensateur (fig. 74); dans d'autres, l'objectif est monté sur une planchette munie d'un soufflet qui se développe au moyen d'une crémaillère comme le soufflet des chambres noires (fig. 72).

Pour l'éclairage des lanternes d'agrandissement, le pétrole, le gaz, l'électricité conviennent également bien.

La lampe à pétrole Maxima (fig. 82), munie d'une haute cheminée, est d'un réglage très facile et donne une lumière

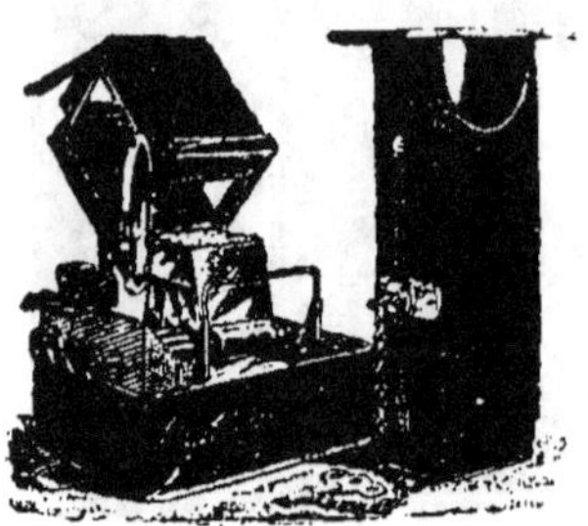

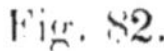

Fig. 82.

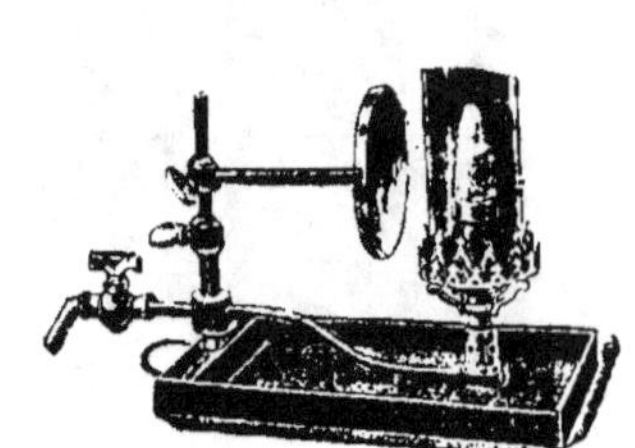

Fig. 77.

excellente. Les personnes ayant le gaz chez elles peuvent utiliser avantageusement un bec Auer; à cet effet, on substitue à la lampe l'appareil ci-contre (fig. 77).

Enfin, on peut aussi, quand on possède une installation d'éclairage à l'électricité, se servir d'une lampe électrique à incandescence (fig. 80). La plaque métallique sur laquelle est fixée la lampe porte deux fils terminés par une baïonnette se

Fig. 80.

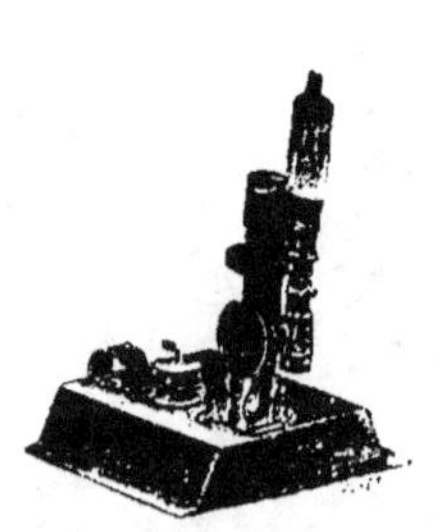

Fig. 81.

fixant dans la douille d'une ampoule électrique quelconque, retirée pour la circonstance.

Enfin, quand l'amateur ne possède chez lui ni gaz, ni électricité, et a une prévention contre le pétrole, il peut utiliser

VULGARISATION
DE LA PHOTOGRAPHIE
AVEC L'APPAREIL DÉTECTIF
IMPERATOR

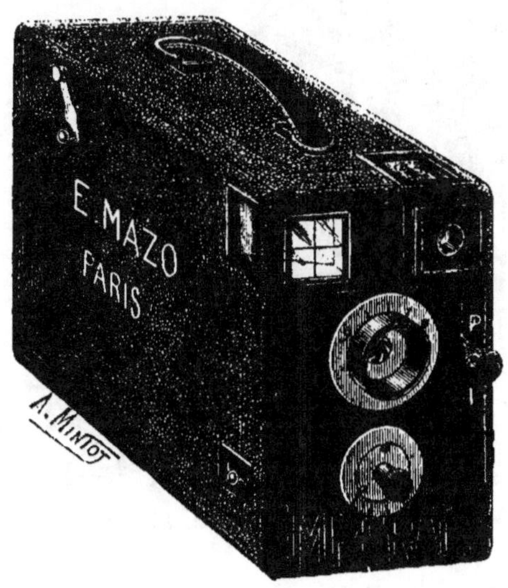

POUR 12 PLAQUES 9 × 12

29 FRANCS

POUR 12 PLAQUES 6 1/2 × 9

23 FR. 50

**E. MAZO, Opticien constructeur,
8, Boulevard Magenta, Paris.**

LE CIMBRE

Avec Objectif RECTILIGNE

POUR 12 GLACES 9 × 12 — 70 FR.

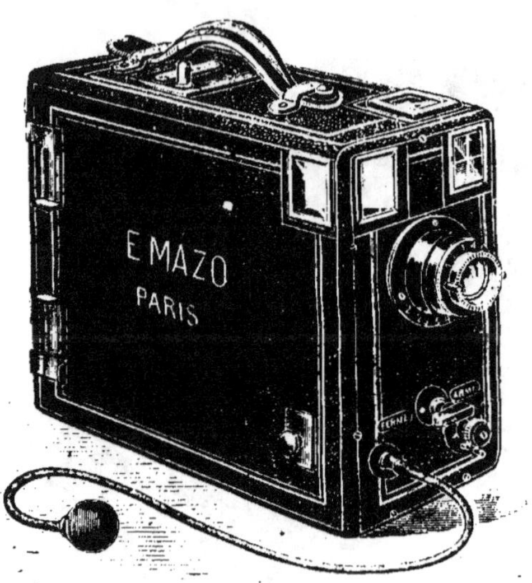

N° 5. — **L'Appareil Cimbre** se fait avec objectif **Rectiligne rapide** à diaphragme iris et à mises au point variables depuis 2 mètres 50 jusqu'à l'infini.

L'Obturateur, armant sans découvrir la plaque, déclenche à la poire ou au doigt, et permet la pose aussi bien que les diverses rapidités portées sur un cadran indicateur de vitesses.

L'appareil est muni de 2 viseurs clairs.

Prix pour **12** glaces 9 × 12 : **70** francs.

Sac en toile grise pointillée, doublée en molleton rouge, avec courroie pour porter en bandoulière ou à la main : **5 fr. 50.**

une lampe à incandescence par l'alcool (fig. 81) ; mais celle-c
étant d'un emploi peu commode, les autres systèmes cités
plus haut sont préférables.

La lanterne de projection ne diffère que très peu de la lanterne d'agrandissement, la différence principale résidant en
ce que cette dernière est plus parfaitement étanche à la
lumière ; mais, tandis que pour la lanterne d'agrandissement
une simple lampe à pétrole peut suffire, par contre, la lanterne
de projection nécessite souvent des moyens d'éclairage plus
puissants, tels que la lampe à arc, la lumière oxhydrique ou
oxyéthérique, l'acétylène, etc.

L'amateur qui a en sa possession une lanterne de projection
peut facilement l'approprier à l'agrandissement. A cet effet,
il place cette lanterne dans une caisse d'emballage d'une hauteur suffisante pour cacher le haut de la cheminée. Dans une
des parties de la caisse, il perce un trou circulaire par lequel
passera le parasoleil de l'objectif. La caisse arrête ainsi les
rayons blancs de la lanterne capables de voiler le papier sensible.

Un autre moyen consiste à construire un grand écran monté
sur un cadre de bois. Cet écran peut être en papier noir d'emballage ou en carton. On le perce
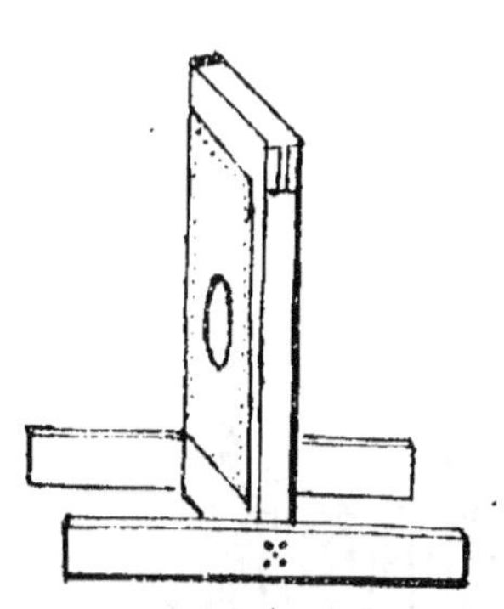
d'un trou circulaire pour engager
le parasoleil de l'objectif. Enfin on
maintient l'écran vertical au moyen
de deux réglettes clouées dans le
cadre comme le montre la figure ci-
contre.

Pour agrandir un cliché 6 1/2×9,
il faut une lanterne avec condensateur de 103 mm. ; pour le 9×12 :
150 mm. ; pour le 13×18 : 220 mm.

Tout possesseur d'une chambre
noire 13×18 peut sans grands frais,
se constituer un excellent appareil
d'agrandissement.

A cet effet, il se fera faire chez un ferblantier une lanterne
pour lampe à pétrole. Cette lanterne sera montée sur des pieds
suffisamment écartés pour laisser passer, au besoin, la queue
de la chambre noire. Dans l'axe de l'objectif de la chambre,
faire percer à l'avant de la lanterne un évidement circulaire
proportionné au condensateur choisi et souder l'extrémité d'un
tube de 5 à 6 cm. de long qui servira à contenir les lentilles du
condensateur. Celles-ci seront maintenues verticales et paral-
lèles au moyen de petites bagues métalliques entrant à force dans

l'intérieur du tube. (On trouve chez les marchands d'appareils photographiques des lentilles de condensateur au prix de 4 fr. 50 environ pour la paire de 103 mm. et de 12 francs pour celle de 150 mm.) Pour relier la lanterne à la chambre noire, il faudra maintenant construire ou se faire établir par un menuisier une sorte de boîte plate s'adaptant à la manière d'un châssis à l'arrière de la chambre. (Épaisseur de la boîte 2 cm. 5 à 3 cm.) Une ouverture circulaire d'un diamètre correspondant au tube porte-condensateur sera percée dans les deux faces antérieure et postérieure de cette boîte. Le porte-condensateur sera engagé de 6 à 8 mm. dans l'ouverture postérieure tandis que l'ouverture antérieure amènera la lumière de la lanterne dans la chambre noire. Enfin une encoche sera pratiquée dans l'épaisseur de la boîte, soit en haut, soit latéralement, pour l'introduction d'un châssis porte-cliché. La mise au point se fera au moyen de la crémaillère de la chambre. On trouve du reste dans le commerce des dispositifs complets, de prix très réduits. La maison Mazo a construit d'après les principes précités un appareil où le système d'attache de la lanterne à la chambre se fait très ingénieusement au moyen d'une sorte de châssis à double rainure, comme le montre la figure ci-contre (n° 71). Le dispositif complet :

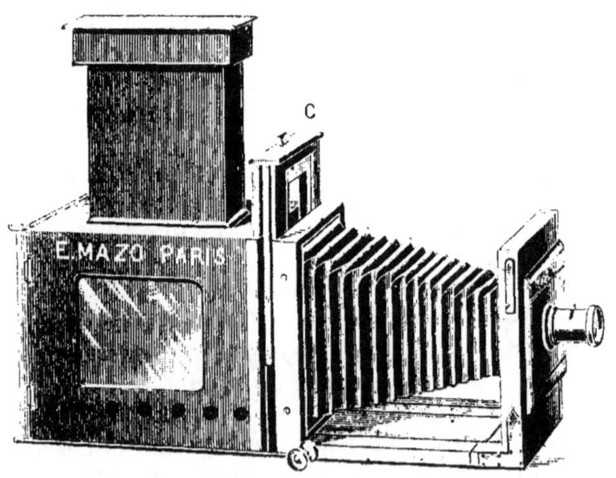

Fig. 71.

lanterne, lampe à pétrole, châssis adaptateur et porte-négatif, avec condensateur de 122 mm., coûte 55 francs.

Le même dispositif pour chambre 18×24 et condensateur de 150 mm. coûte 85 francs.

DU CHOIX DES CUVETTES

Comme, en général, il ne faut pas essayer de faire des agrandissements supérieurs à quatre fois le diamètre du cliché, on devra se procurer :

Pour les clichés 6 1/2×9 des cuvettes de 24×30
— 9×12 — 40×50
— 13×18 — 50×60

Les cuvettes en carton durci sont excellentes jusqu'aux dimensions 24×30, étant légères et incassables, ce qui constitue des avantages précieux ; mais dans les dimensions supérieures, elles fléchissent sous le poids des liquides ce qui, en augmentant le ballant, les rend intransportables. — Malgré leur poids considérable, les cuvettes en faïence, porcelaine ou tôle émaillée sont, d'après moi, préférables pour les grandes dimensions.

Les cuvettes en carton durci 24×30 valent 2 fr. 75 pièce, les cuvettes en tôle émaillée 40×50 valent............ 10 »
— — 50×60 — .... 14 »

DE L'AGRANDISSEMENT A LA LANTERNE

FAÇON DE PROCÉDER

Dans une pièce où il est possible de faire l'obscurité complète, placez parallèlement à un des murs une table parfaitement d'aplomb sur laquelle vous posez la lanterne.

La distance de la table au mur variera d'après la taille de l'agrandissement et le foyer de l'objectif; elle excédera rarement 1 m. 25. (Pour agrandir un 9×12 en 50×60 avec un foyer de 20 cm., le recul, comme vous l'indique le tableau ci-après, n'est que de 1 m. 20.)

Sur une planche à dessin 50×60, ou une planche carrée de 60×60, fixez une feuille de papier blanc sur laquelle vous tracerez en traits forts des cadres correspondant aux divers agrandissements que vous avez en vue 13×18, 24×30, 30×40, 40×50, 50×60 comme le montre la figure ci-contre, qui est réduite au dixième. Deux lignes perpendiculaires partageront en outre la feuille en longueur et en largeur.

Mesurez à quelle distance au-dessus du sol se trouve le centre de l'objectif.

Fixez ensuite au mur la planche à dessin de façon que le

diamètre horizontal du papier se trouve à la même hauteur que le centre de l'objectif.

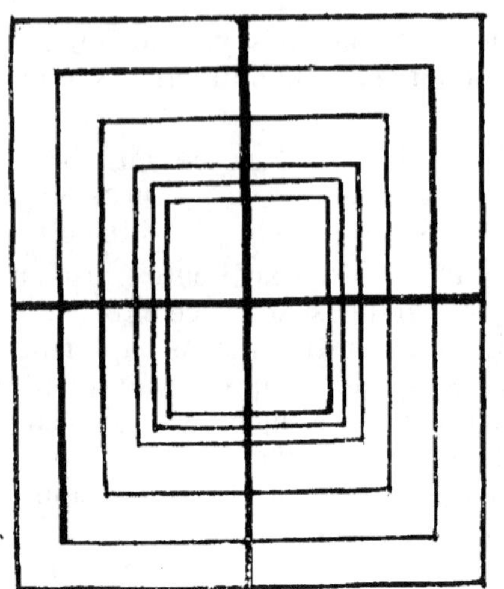

(L'avantage de la planche carrée sur la planche rectangulaire est d'éviter d'avoir besoin de changer de supports quand on passe d'un agrandissement en hauteur à un agrandissement en largeur ou réciproquement. Il suffit de tourner la planche perpendiculairement à sa première direction, le centre optique n'étant pas déplacé).

Pour maintenir leur planche à agrandissement, les professionnels se servent d'un chevalet vertical roulant sur des rails fixés au parquet. La lanterne, dans ce cas, est placée à demeure sur un socle *ad hoc*.

Ces dispositions prises, allumez votre lanterne rouge, puis votre lanterne d'agrandissement et faites disparaître de la chambre d'opération toute lumière blanche.

Avoir soin de ne pas donner immédiatement toute son intensité au luminaire (lampe à pétrole ou bec Auer) de la lanterne d'agrandissement pour éviter de casser le condensateur, accident qui, sans cette précaution, arrive fréquemment.

Vérifiez si la lumière est bien centrée, c'est-à-dire si le centre de la flamme correspond bien au centre du condensateur : s'il en était autrement, le disque lumineux projeté serait inégalement éclairé.

Enlevez le bouchon de l'appareil et projetez le disque lumineux sur le papier. Si vos dispositions ont été bien prises, le disque doit être exactement coupé en deux par le diamètre horizontal du papier, poussez la lanterne soit à droite, soit à gauche, pour que le disque soit également coupé en deux dans le sens de la hauteur par le diamètre vertical.

Que la lanterne soit toujours bien parallèle au mur.

Dans la rainure de la lanterne, mettez le châssis dans lequel aura été glissé le négatif à agrandir, le haut en bas et le côté gélatine tourné vers l'objectif.

Avancez ou reculez la lanterne selon la dimension de l'agrandissement à obtenir ; mettez au point *grosso modo* avec le soufflet (ou la coulisse porte-objectif selon l'appareil) et

achevez la mise au point rigoureuse au moyen de la crémaillère de l'objectif. Pour la mise au point, un grand diaphragme facilitera l'opération ; mais pour la pose, il faudra lui en substituer un plus petit.

La projection bien au point et rigoureusement encadrée par le tracé correspondant à l'agrandissement choisi, bouchez l'objectif. En s'éclairant avec la lanterne rouge, fixer sur la planche, à l'aide de punaises métalliques, une bande de papier sensible. Il est bon de ne pas placer celle-ci au hasard, mais plutôt à un endroit repéré d'avance au moyen de punaises ou d'un trait de crayon, par exemple, celui où se projettent les yeux, si l'agrandissement est un portrait. Sans cette précaution, il serait difficile de se rendre compte de la partie de l'image qui apparaît et on ne saurait quelle intensité lui laisser prendre.

Démasquez l'objectif et posez le temps que vous croyez nécessaire, soit 30 ou 40 secondes ; rebouchez l'objectif et, au laboratoire, plongez la bande d'essai dans le révélateur. Si le temps de pose a été exact, l'image paraît au bout de 15 à 20 secondes et le développement doit être complet en moins de 2 minutes. Si les blancs sont voilés, il y a eu trop de pose ; si l'image a demandé 4 ou 5 minutes pour le développement, il y a eu manque de pose.

Modifiez vos essais dans le sens de ces indications, puis quand le temps de pose exact est trouvé, substituez aux bandes d'essai la feuille destinée à recevoir l'agrandissement en vous guidant, pour la fixer, avec des punaises, sur le quadrillage de dimensions correspondantes.

Exposez ensuite pendant le nombre de secondes trouvé par vos essais. (Il est bon de fixer une montre munie d'une trotteuse devant l'œilleton rouge de la lanterne afin de surveiller plus facilement le temps de pose.)

On peut facilement trouver son temps de pose en un seul essai au moyen du procédé suivant, qui n'a que l'inconvénient de demander le sacrifice d'une bande d'essai un peu plus grande que celle que pourrait nécessiter le procédé qui précède.

Fixez sur la planche une bande de papier au bromure d'une vingtaine de centimètres de long sur 5 ou 6 de large.

Tenez à la main un morceau de carton avec lequel vous masquez les trois quarts de la bande. Avec l'autre main, retirez le bouchon de l'objectif et posez par exemple 25 secondes ; démasquez un deuxième quart du papier et posez encore 25 secondes ; démasquez ensuite successivement le troisième et le quatrième quart en posant aussi le même temps. Bouchez l'objectif. Vous avez donc une bande dont le premier quart aura été exposé 100 secondes, le deuxième 75, le troisième 50 et le dernier 25. En plongeant cette bande dans le révélateur, on jugera facilement pour quelle partie de la bande l'exposition a été exacte ou à peu près.

Il sera bon d'avoir un carnet sur lequel on notera le temps de pose nécessité par ses clichés.

Quand on aura trouvé le temps de pose d'un cliché pour la dimension 18-24 par exemple, on recommencera pour les dimensions supérieures en notant bien chaque fois le temps de pose trouvé. Au bout de peu de temps, on se verra possesseur de documents qui permettront d'opérer à coup sûr et sans aucun tâtonnement, rien qu'en comparant le nouveau cliché qu'on désire agrandir avec les clichés types et en s'en rapportant aux indications du carnet concernant le cliché de même intensité.

L'amateur s'évitera des complications en employant toujours le même diaphragme, le même papier, le même luminaire et le même révélateur.

DU TEMPS DE POSE

Nous venons de voir comment on déterminait le temps de pose par tâtonnement. Je vais maintenant consacrer le présent chapitre aux personnes qui ne reculent pas devant quelques formules théoriques.

Pour des agrandissements, la question du temps de pose est moins compliquée que pour la photographie diurne. Tandisque dans cette dernière l'amateur se trouve aux prises avec la difficulté de déterminer l'intensité du jour et son pouvoir actinique, choses variant souvent un nombre infini de fois en une heure, dans l'agrandissement l'intensité du luminaire se déterminera une fois pour toutes.

Le temps de pose pour les agrandissements dépend :

1° de l'intensité du luminaire;
2° du diaphragme employé;
3° de la grandeur de l'agrandissement;
4° de l'intensité du négatif;
5° de la force du révélateur employé;
6° du degré de sensibilité du papier au bromure;
Et enfin 7° de la qualité de l'objectif.

C'est l'instant, ici, de rappeler les principes qu'il faudra appliquer :

1° L'intensité de la lumière est inversement proportionnelle au carré des distances.

Exemple : Si une lampe possède à un mètre le pouvoir éclairant de 18 bougies, à 3 mètres son pouvoir ne sera plus que de : $\dfrac{18}{3^2} = 2$ bougies.

A 0 m. 50, son pouvoir sera de : $\dfrac{18}{0,5^2} = 72$ bougies.

De cette loi, on tire la conclusion suivante :

Le temps de pose est proportionnel au carré des distances : en effet, si l'intensité lumineuse croît ou décroît selon le carré de la distance, il faudra diminuer ou augmenter le temps de pose dans la même proportion.

Exemple : Si pour faire un agrandissement à la distance de 0 m. 50 de l'objectif, il faut 30 secondes d'exposition, pour faire un agrandissement à 1 m. 50 il faut :

$$\frac{30 \times 1,50^2}{0,50^2} = 270 \text{ secondes.}$$

Inversement, si pour faire un agrandissement à la distance de 1 m. 50 il faut 270 secondes de pose, pour une distance de 0 m. 50 il faut :

$$\frac{270 \times 0,50^2}{1,50^2} = 30 \text{ secondes.}$$

2° Le temps de pose est inversement proportionnel au carré de l'intensité lumineuse.

Exemple : Si après avoir constaté qu'avec un luminaire du pouvoir éclairant de 12 bougies il fallait poser 30 secondes, en employant ensuite une lampe d'un pouvoir éclairant de 20 bougies, il faudra poser :

$$\frac{30 \times 12^2}{20^2} = 10 \text{ secondes } 1/5.$$

Cette loi trouve son application immédiate dans l'emploi des diaphragmes puisque ceux-ci servent à intercepter plus ou moins la lumière : on peut donc dire aussi : Le temps de pose est inversement proportionnel au carré du diamètre du diaphragme employé.

Exemple : Si avec un diaphragme de 15 m/m., il faut poser 25 secondes, avec un diaphragme de 20 m/m. il faudra poser :

$$\frac{25 \times 15^2}{20^2} = 14 \text{ secondes.}$$

Le temps de pose est proportionnel au carré de l'ouverture relative de l'objectif employé. (On nomme ouverture relative le rapport de la distance focale d'un objectif au diamètre du diaphragme ; quand on dit par exemple qu'un objectif de 0 m. 16 de distance focale travaille à $f : 8$, cela veut dire que l'ouverture de son plus grand diaphragme mesure un diamètre

de : $\dfrac{16}{8} = 2$ cm.)

Exemple : Si un objectif ouvert à $f : 8$ nécessite 1 seconde de pose, à $f : 11$ il faudra : $\dfrac{1 \times 11}{8} = 2$ secondes.

À $f : 16$ il faudra : $\dfrac{1 \times 16}{8} = 4$ secondes, etc.

Les opticiens, pour supprimer ces calculs, ont établi les dimensions des diaphragmes de façon que la pose soit doublée en passant d'un diaphragme quelconque à celui immédiatement plus petit, d'où la série 1, 2, 4, 8, 16, 32, 64 ; mais il est bon de savoir comment ces calculs ont été faits, car rarement les objectifs de projection portent sur la monture leurs ouvertures relatives.

Si l'amateur, après s'être servi d'un objectif, veut en utiliser un autre, il s'évitera de nouveaux tâtonnements en se rappelant que (à qualité égale de lentilles) les objectifs sont entre eux, au point de vue de la rapidité, comme le carré de leur ouverture relative.

Le coefficient de clarté d'un objectif ouvert à $f : 8$ est donc : $8^2 = 64$, celui d'un objectif ouvert à $f : 10$ est $10^2 = 100$; s'il faut 6 secondes 4 de pose avec le premier, il faudra 10 secondes de pose avec le deuxième.

Les facteurs concernant l'intensité du luminaire, le révélateur, le degré de sensibilité du papier et la qualité de l'objectif restant constants, seront déterminés par quelques légers tâtonnements.

La plus ou moins grande opacité des clichés fera tâtonner aussi au début, mais dès que l'amateur aura trouvé son temps de pose pour l'un d'eux, il le trouvera facilement pour les autres par comparaison avec le premier devenu son cliché type.

Le premier des deux tableaux qui suivent évite le tâtonnement en changeant soit d'objectif, soit de diaphragme. Le second permet de placer de suite la lanterne à la distance nécessitée par la grandeur de l'agrandissement qu'on désire obtenir.

COEFFICIENTS DE CLARTÉ
correspondant aux ouvertures relatives suivantes :

Diamètre d'ouverture relative.	Temps de pose proportionnel.	Diamètre d'ouverture relative.	Temps de pose proportionnel.	Diamètre d'ouverture relative.	Temps de pose proportionnel.	Diamètre d'ouverture relative.	Temps de pose proportionnel.
$f : 3$	0,09	$f : 8$	0,64	$f : 20$	4,00	$f : 38$	14,44
$f : 3.2$	0,10	$f : 8.5$	0,72	$f : 21$	1,41	$f : 40$	16,00
$f : 3.5$	0,12	$f : 9$	0,81	$f : 22$	4,84	$f : 42$	17,64
$f : 3.7$	0,14	$f : 9.5$	0,90	$f : 23$	5,29	$f : 44$	19,36
$f : 4$	0,16	$f : 10$	1,00	$f : 24$	5,76	$f : 46$	21,16
$f : 4.2$	0,18	$f : 11$	1,21	$f : 25$	6,25	$f : 48$	23,04
$f : 4.5$	0,20	$f : 12$	1,44	$f : 26$	6,76	$f : 50$	25,00
$f : 4.7$	0,22	$f : 13$	1,69	$f : 27$	7,29	$f : 52$	27,04
$f : 5$	0,25	$f : 14$	1,96	$f : 28$	7,81	$f : 54$	29,16
$f : 5.5$	0,30	$f : 15$	2,25	$f : 29$	8,41	$f : 56$	31,36
$f : 6$	0,36	$f : 16$	2,56	$f : 30$	9,00	$f : 58$	33,64
$f : 6.5$	0,42	$f : 17$	2,89	$f : 32$	10,21	$f : 60$	36,00
$f : 7$	0,49	$f : 18$	3,21	$f : 34$	11,56	$f : 62$	38,44
$f : 7.5$	0,56	$f : 19$	3,61	$f : 36$	12,96	$f : 64$	40,96

Toutes proportions restant gardées, les nombres exprimant le temps de pose peuvent être divisés ou multipliés par un même nombre. — Si la pose avec une ouverture de $f : 10$ est de 1", elle sera pour une ouverture de $f : 4$ de 16/100 de seconde, soit environ 1/6 de seconde; si, avec $f : 10$ elle est de 3", avec $f : 4$ elle sera de $0,16 \times 3 = 48/100$, soit environ 1/2 seconde; si, avec $f : 10$ elle est de 1/4 de seconde, avec $f : 4$ elle sera de $\dfrac{0,16}{4} = \dfrac{4}{100}$ soit 1/25 de seconde, etc.

TABLEAU indiquant les distances de l'Objectif : 1° au cliché à agrandir ; 2° à l'image amplifiée.

Le chiffre supérieur de chaque case indique la distance de l'objectif au cliché et le chiffre inférieur la distance de l'objectif à l'image amplifiée.

Distance focale de l'objectif employé.	Agrandissement d'un cliché 6 1/2 × 9 en					Agrandissement d'un cliché 9 × 12 en					Agrandissement d'un cliché 13 × 18 en					
	9-12	13-18	18-24	21-27	24-30	13-18	18-24	21-27	24-30	30-40	18-24	21-27	24-30	30-40	40-50	50-60
9	0.158 0.210	0.135 0.270	0.124 0.330	0.120 0.360	0.117 0.390	0.150 0.225	0.135 0.270	0.130 0.293	0.126 0.315	0.117 0.390	0.158 0.210	0.150 0.225	0.144 0.240	0.131 0.299	0.122 0.340	0.117 0.390
10	0.175 0.233	0.150 0.300	0.137 0.366	0.133 0.400	0.130 0.433	0.166 0.250	0.150 0.300	0.144 0.325	0.140 0.350	0.130 0.433	0.175 0.233	0.166 0.250	0.160 0.266	0.145 0.322	0.136 0.377	0.130 0.433
11	0.193 0.256	0.165 0.330	0.151 0.403	0.146 0.440	0.143 0.476	0.183 0.275	0.165 0.330	0.158 0.358	0.154 0.385	0.143 0.476	0.193 0.256	0.183 0.275	0.176 0.292	0.160 0.354	0.150 0.415	0.143 0.476
12	0.210 0.280	0.180 0.360	0.165 0.410	0.160 0.480	0.156 0.520	0.200 0.300	0.180 0.360	0.173 0.390	0.168 0.420	0.156 0.520	0.210 0.280	0.200 0.300	0.192 0.319	0.174 0.386	0.163 0.452	0.156 0.520
13	0.228 0.303	0.195 0.390	0.179 0.476	0.173 0.520	0.169 0.563	0.216 0.325	0.195 0.390	0.187 0.423	0.182 0.455	0.169 0.563	0.228 0.303	0.216 0.325	0.208 0.346	0.189 0.419	0.176 0.490	0.169 0.563
14	0.245 0.326	0.210 0.420	0.192 0.513	0.187 0.560	0.182 0.606	0.232 0.350	0.210 0.420	0.202 0.455	0.196 0.490	0.182 0.606	0.245 0.326	0.232 0.350	0.224 0.372	0.203 0.451	0.190 0.528	0.182 0.606
15	0.263 0.350	0.225 0.450	0.206 0.549	0.200 0.600	0.195 0.650	0.249 0.375	0.225 0.450	0.216 0.488	0.210 0.525	0.195 0.650	0.263 0.350	0.249 0.375	0.240 0.399	0.218 0.483	0.203 0.566	0.195 0.650
16	0.280 0.373	0.240 0.480	0.220 0.586	0.213 0.640	0.208 0.693	0.266 0.400	0.240 0.480	0.230 0.520	0.224 0.560	0.208 0.693	0.280 0.373	0.266 0.400	0.256 0.426	0.232 0.515	0.217 0.603	0.208 0.693
17	0.298 0.396	0.255 0.510	0.234 0.622	0.226 0.680	0.221 0.736	0.282 0.425	0.255 0.510	0.245 0.553	0.238 0.595	0.221 0.736	0.298 0.396	0.282 0.425	0.272 0.452	0.247 0.547	0.230 0.641	0.221 0.736
18	0.315 0.420	0.270 0.540	0.247 0.659	0.240 0.720	0.234 0.779	0.299 0.450	0.270 0.540	0.260 0.585	0.252 0.630	0.234 0.779	0.315 0.420	0.299 0.470	0.288 0.479	0.261 0.580	0.244 0.679	0.234 0.779
19	0.333 0.443	0.285 0.570	0.264 0.695	0.253 0.760	0.247 0.822	0.315 0.475	0.285 0.570	0.274 0.618	0.266 0.665	0.247 0.822	0.333 0.443	0.315 0.475	0.304 0.505	0.276 0.612	0.258 0.717	0.247 0.822
20	0.350 0.466	0.300 0.600	0.275 0.732	0.266 0.800	0.260 0.866	0.332 0.500	0.300 0.600	0.288 0.650	0.280 0.700	0.260 0.866	0.350 0.466	0.332 0.500	0.320 0.532	0.290 0.644	0.272 0.735	0.260 0.866

EXEMPLE : Avec un objectif d'une distance focale de 11 centimètres, pour agrandir un cliché 9×12 en 21×30, il faudra donner un tirage de 0m195 au soufflet de la lanterne et placer la planche portant le papier sensible à 0m490 de l'objectif.

Pour se servir utilement du tableau qui précède, il est nécessaire de connaître la distance focale absolue de l'objectif employé. On l'obtient avec une approximation suffisante par le procédé suivant :

On monte l'objectif sur une chambre noire, puis on met au point sur un objet quelconque, de façon que l'image sur la glace dépolie soit exactement de même dimension que l'objet.

On évite d'avoir à prendre des mesures en se procurant par exemple deux cartes réclames identiques (de 10 cm. environ). On fixe l'une d'elles sur un mur et on tâtonne jusqu'à ce que la seconde carte se superpose exactement sur l'image de la première. On mesure alors la distance du mur à la glace dépolie et l'on divise le chiffre obtenu par quatre. c'est la distance focale absolue.

Il est à remarquer, en outre, que les distances indiquées sur le tableau ne partent pas des sommets de l'objectif, mais des points nodaux d'incidence et d'émergence. La recherche de ces points nécessitant des opérations assez compliquées, cela nous entraînerait trop loin. On se contentera donc de compter les distances à partir du centre optique, c'est-à-dire des diaphragmes. L'erreur qui pourra en résulter ne dépassera jamais 3 à 4 m/m.

DU DÉVELOPPEMENT

Pour le développement. préparer trois cuvettes, deux remplies d'eau et la troisième d'hyposulfite de soude à 20 0/0. Tenir prêt le révélateur dans un verre. Commencez par plonger le papier exposé dans une des cuvettes remplies d'eau. On évitera ainsi un développement inégal. Au bout de deux à trois minutes, jetez l'eau. en laissant la feuille de papier sensible au fond de la cuvette et projetez dessus vivement le révélateur (200 cm. c. suffisent pour le 24×30). Balancez la cuvette comme pour le développement des plaques et surveillez la venue de l'image. Comme je le disais précédemment, si le temps de pose a été exact. l'image doit commencer à paraître au bout de 15 à 20 secondes et le développement est complet dans un laps de temps qui ne doit pas excéder 2 minutes au grand maximum. S'il en était autrement, l'épreuve au lieu de présenter des blancs bien purs jaunirait plus ou moins.

Avant que l'épreuve n'ait atteint tout à fait l'intensité désirée, sortez-la du révélateur pour la plonger vivement dans la cuvette remplie d'eau, où elle continue à se développer légèrement. avant que l'eau ne parvienne à arrêter l'effet du révélateur ;

immergez-la ensuite dans le bain d'hyposulfite où elle pourra rester 4 à 5 minutes. Si vous n'avez pas une quatrième cuvette, profitez du séjour de l'épreuve dans le fixage pour laver la deuxième cuvette et la remplir à nouveau d'eau. Mettez-y votre agrandissement qui devra subir finalement un lavage de 1 h. 1/2 ou 2 heures à l'eau courante.

L'élimination complète de l'hyposulfite est absolument nécessaire pour assurer la conservation de l'image.

Suspendez l'agrandissement au moyen de pinces ou de punaises à dessin, et laissez-le sécher.

Quand les épreuves sont de grandes dimensions, 40×50 ou 50×60, il est bon de les laisser égoutter quelque temps dans la cuvette maintenue presque verticalement, car le poids de l'eau ferait déchirer le papier aux points de suspension et l'amateur aurait la désagréable surprise de retrouver son œuvre sur le sol, irrémédiablement perdue.

DES DÉGRADATEURS

Pour obtenir des épreuves dégradées, ce qui est surtout utile pour les portraits, il y a plusieurs moyens :

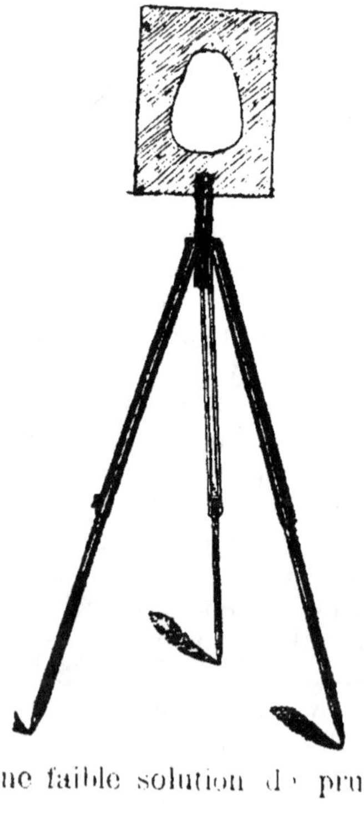

1° Mettre sur le cliché pendant la pose un dégradateur en gélatine ;

2° Construire un dégradateur en carton, de dimension appropriée et le fixer sur un pied de campagne au moyen d'un bâtonnet qui sera fendu d'un bout et épointé de l'autre, pour pouvoir se fixer à la place de la vis du congrès du pied ;

Il faudra disposer le dégradateur de façon qu'il ne laisse passer que la partie du cliché que l'on désire reproduire. Afin d'obtenir un dégradé mieux fondu, placez le dégradateur plus près de l'objectif que de l'image amplifiée. Il est préférable de le remuer pendant toute la durée de la pose ;

3° Quand l'épreuve est fixée, on peut aussi obtenir un dégradé au moyen d'un pinceau trempé dans une faible solution de prussiate rouge de potasse dans de

DANS UN BUT DE VULGARISATION

a établi un superbe modèle de JUMELLE Photographique 9×12

Vendu A CRÉDIT

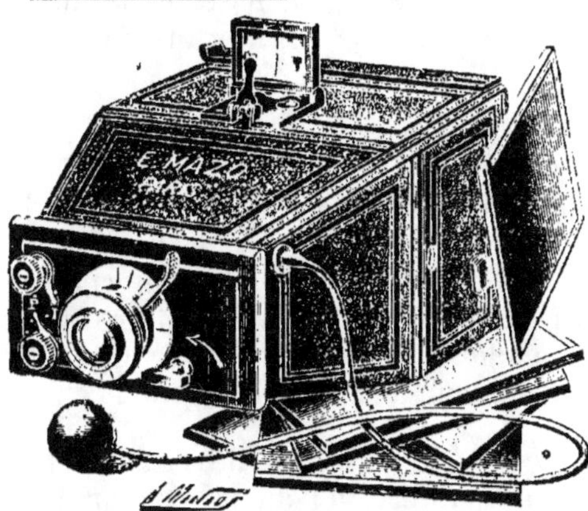

PAYABLE EN 12 MOIS

à toute personne ayant situation ou références.

6 francs

par mois

(plus 0 fr. 50 pour frais de recouvrement).

SUPERBE JUMELLE PHOTOGRAPHIQUE solide et légère, **très portative** à cause de son volume extrêmement réduit, entièrement recouverte de **maroquin noir** et munie de deux **écrous**, au pas du congrès, pour pouvoir la fixer sur un pied.

L'OBJECTIF est un **rectiligne extra-rapide**, de combinaison double avec diaphragme à iris et porte notre marque.

Il est monté sur un **obturateur métallique** formant corps avec la jumelle, **armant sans découvrir** et déclenchant au doigt, au moyen d'un poussoir, ou bien à la poire; il est à **vitesses variables indiquées sur un cadran** et permet aussi les poses les plus prolongées.

Les ouvertures du diaphragme iris **sont graduées** ainsi que les **distances de mise au point**, 2, 4, 6, 8 mètres et l'infini. **Le viseur** en forme de mire est avec guidon et réticule sur la lentille pour le centrage de l'image et viser à hauteur de l'œil.

L'appareil est accompagné de 6 châssis porte-plaques **extrêmement minces** et en métal, de l'exacte dimension pour contenir une seule plaque 9×12; ces châssis ne prennent qu'une place insignifiante, ils sont très légers et on peut facilement avoir des châssis supplémentaires dans la poche (ils ne coûtent que deux francs la pièce).

Telle qu'elle est présentée, cette jumelle est extrêmement avantageuse et son objectif **absolument rectiligne** et de **qualité supérieure**.

L'appareil complet avec les châssis est livré dans un **étui dur** en maroquin et doublé à l'intérieur, avec courroie pour le transport en bandoulière ou à la main. **(FRANCO GARE POUR TOUTE LA FRANCE.)**

Payable comme suit : 21 fr. comptant et 6 fr. par mois
(plus 0 fr. 50 de frais de recouvrement) *pendant les 11 mois suivants.*

La somme totale perçue par nous est de :

87 francs, payable en 12 mois ou bien 80 francs comptant.

l'hyposulfite au 1/5. Un truc qui produit souvent de jolis effets consiste à mettre de l'encre sur le côté verre du cliché pour simuler un fond nuageux.

OBSERVATIONS DIVERSES

Dégradateur en gélatine. — Éviter de le laisser inutilement devant le condensateur, car la chaleur le détériorerait rapidement.

Clichés. — Même observation.

Lanterne. — De même qu'il est prudent pour éviter la casse du condensateur de ne pas donner toute son intensité à la lampe à pétrole ou au bec Auer en allumant la lanterne, de même il est bon de baisser progressivement son luminaire avant de l'éteindre et d'attendre quelque temps avant de transporter la lanterne d'un lieu chaud dans un autre qui l'est moins.

Développement au pinceau. — Quand on ne possède pas de cuvettes de dimensions suffisantes, on peut poser le papier impressionné sur une grande feuille de verre que l'on maintient au-dessus d'un récipient quelconque. On l'imbibe d'eau avec une éponge douce, puis on développe au moyen d'un large pinceau plat que l'on trempe dans le révélateur. Le pinceau doit être promené sur toute la feuille avec la plus grande rapidité possible, afin d'éviter un développement inégal. Le lavage qui suit et le fixage peuvent s'opérer de la même façon.

AGRANDISSEMENT EN PLEIN JOUR A LA LANTERNE

On peut faire de l'agrandissement en plein jour à la lanterne quand on dispose d'une grande chambre noire d'atelier.

Il suffira de réunir la lanterne à cette chambre noire. Voici comment il pourra être procédé : A cet effet, remplacez la planchette porte-objectif par une autre planchette munie comme la première d'une ouverture circulaire pour introduire la lumière de la lanterne. Une boîte carrée de 12 à 15 centimètres de côté sera fixée sur cette planchette et portera à sa partie antérieure une ouverture (dans le même axe que la précédente), qui permettra l'introduction du parasoleil de l'objectif de la lanterne.

Une encoche percée dans le haut de la boite livrera passage à une planchette qui en coulissant fera office d'obturateur.

On devra veiller à ce que ce dispositif soit parfaitement étanche à la lumière du jour et ne laisse pénétrer dans la chambre noire que celle qui sera envoyée par la lanterne. — La lanterne devant avoir son objectif à la hauteur du centre de la chambre, il faudra donc au besoin l'exhausser au moyen d'un socle ou d'une boîte de hauteur appropriée.

On mettra au point sur la glace dépolie après avoir réglé la distance du cliché à l'objectif d'après la grandeur de l'agrandissement désiré. (Consulter le tableau page 20.) Remplacez la glace dépolie par le châssis dans lequel sera le papier au bromure tendu sur une plaque de verre ou un vieux cliché. Tirez le rideau du châssis, puis la coulisse obturateur, posez le temps voulu (se référer aux indications antérieures), refermez l'obturateur, abaissez le rideau du châssis et développez au laboratoire.

La Maison Mazo a construit spécialement pour ce procédé d'agrandissement une chambre noire à double soufflet. Le cadre du milieu possède une porte de côté permettant l'introduction d'un dégradateur. (Fig. ci-dessous.)

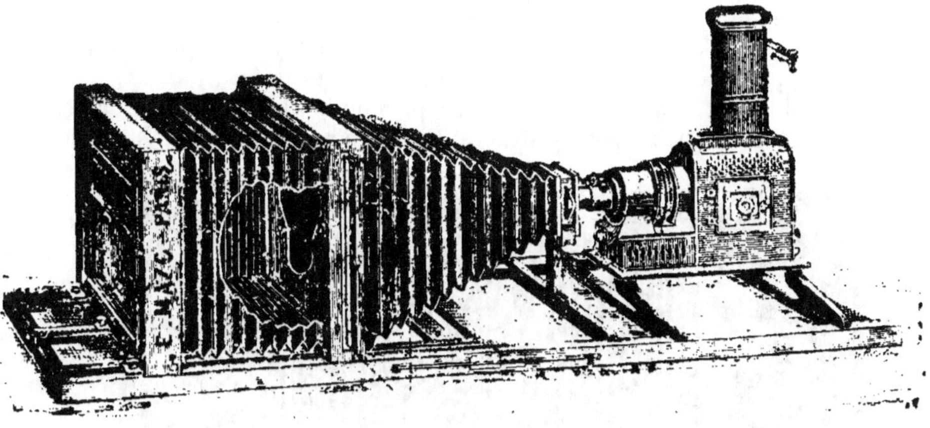

DE L'AGRANDISSEMENT A LA LUMIÈRE DU JOUR.

Avec une chambre noire à long tirage, il est facile d'obtenir d'une photographie une image amplifiée en refaisant un autre négatif. Ce système rentrant dans le domaine de la photographie courante, je ne fais ici que le rappeler ; mais avec cette chambre noire, il est possible également d'obtenir d'un cliché des agrandissements directs sur papier au gélatino-bromure.

Voici comment : Avec du papier collant, faites tenir contre une vitre de fenêtre un verre dépoli et, sur celui-ci, appliquez de même le négatif à agrandir (gélatine du côté de l'intérieur de la pièce). Encadrez le négatif avec de larges bandes de papier noir collant, puis visez-le avec la chambre noire. L'agrandissement sera d'autant plus considérable que vous vous approcherez davantage du cliché. Mettez au point soigneusement, puis au moyen de carton et de papier noir (ou de toile noire rigide comme celle des soufflets de chambre noire), réunissez le négatif à l'objectif de la chambre de manière à constituer une sorte de manchon interceptant rigoureusement toute autre lumière que celle qui traverse le négatif.

Il s'agit maintenant de chercher le temps de pose. A cet effet, chargez un châssis de la chambre avec une bande de papier au bromure, mettez-le en place à l'arrière de la chambre. Tirez le rideau du châssis de manière à démasquer un quart environ de la bande de papier. Ouvrez l'obturateur et posez, par exemple 30 secondes ; démasquez le 2e quart et posez encore 30 secondes ; faites de même pour le 3e et le 4e quart.

Il est clair que la première partie de la bande aura reçu une exposition de 120 secondes, la deuxième de 90 secondes, la troisième de 60 secondes, la quatrième de 30 secondes. Développez ensuite cette bande et vous jugerez facilement du temps de pose nécessaire pour l'agrandissement définitif.

Il existe des appareils qui, spécialement construits pour ce genre d'agrandissement, simplifient beaucoup les opérations.

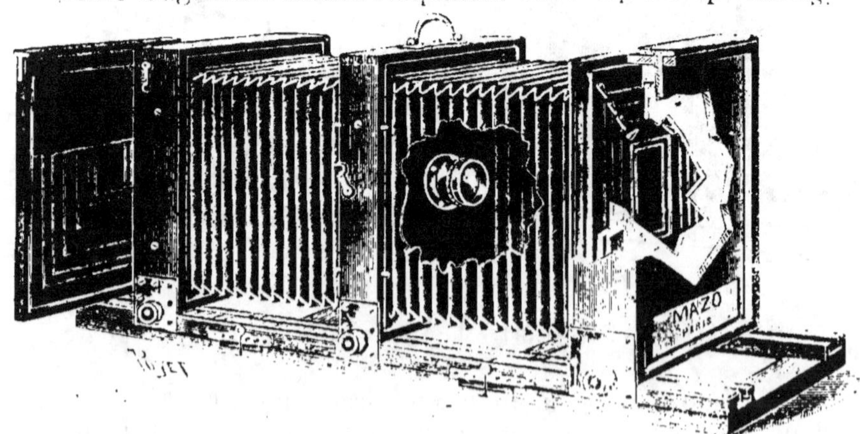

Tel est celui représenté ci-contre (fig. 69) qui se compose d'une grande chambre noire à trois corps munie de deux soufflets

SÉRIE

DE

Brochures Photographiques de Vulgarisation

Du Journal **OMBRES ET LUMIÈRE.**

La Photographie comme il faut la faire, par RADIANT, comprenant 32 pages et figures. Une brochure, **0** fr. **10**; franco par poste, **0** fr. **15**.

Petit Manuel du portraitiste, par Jules CARTERON, contenant 32 pages de texte. Une brochure, **0** fr. **10**; franco par poste, **0** fr. **15**.

Nos bonnes Formules, par RADIANT, rédacteur à *Ombres et Lumière*, contenant 32 pages de texte. Une brochure, **0** fr. **10**; franco par poste, **0** fr. **15**.

Le Petit Manuel du projectionniste, par ECRANBLANC. PRIX : **0** fr. **10**; franco par poste, **0** fr. **15**.

Livret d'étiquettes pour le laboratoire de l'amateur, 120 étiquettes à découper pour coller sur les bocaux et flacons. Le livre, **0** fr. **20**; franco par poste, **0** fr. **25**.

La Projection microscopique, par ECRANBLANC. PRIX : **0** fr. **10**; franco par poste, **0** fr. **15**.

Le Petit Manuel de Retouche, par B. de BÉROVILLE, comprenant renseignements, tours de main, etc. PRIX : **0** fr. **20**; franco par poste, **0** fr. **25**.

Petit Manuel du tirage sur verre, par RADIANT. Manière de tirer les positifs sur verre, vues de projections, vitraux, etc. PRIX : **0** fr. **10**; franco par poste, **0** fr. **15**.

Le Manuel du Touriste photographe, par Jules CARTERON, traité de photographie contenant les diverses opérations, formules, etc., etc. PRIX : **0** fr. **20**; franco par poste, **0** fr. **25**.

Peintures et coloris des photographies sur verre, papier, étoffes, etc., etc., par G. DAIX. PRIX : **0** fr. **10** franco par poste, **0** fr. **15**.

Les Agrandissements d'amateurs, par un Amateur. Manière sûre d'en faire de très bons et à bon compte, composition d'appareils et combinaisons diverses pour employer les appareils qu'on peut avoir en sa possession. PRIX : **0** fr. **10**; franco par poste, **0** fr. **15**.

Les Objectifs photographiques, par ATÉ, contenant les renseignements les plus utiles à connaître. — Prix : **0** fr. **10**; franco par poste, **0** fr. **15**.

à long tirage. Le corps central sur lequel se monte l'objectif est muni d'une planchette à déplacement vertical et horizontal qui, en décentrant l'objectif, permet de prendre ou tout le cliché à agrandir ou seulement la partie intéressante.

Le cadre d'avant est destiné à recevoir les clichés à reproduire qui peuvent être de différents formats, tout une série d'intermédiaires étant disposée à cet effet. Devant le porte-cliché se trouve un verre dépoli pour diffuser la lumière. Le cadre d'arrière est également muni d'un verre dépoli, mais destiné, celui-là, à la mise au point. Pour la pose, il se remplace par un châssis muni d'intermédiaires. Les trois corps de cet appareil se déplacent au moyen d'une crémaillère.

Cet appareil sert aussi pour opérer des réductions.

DES CÔNES D'AGRANDISSEMENT ET AMPLIFICATEURS DIRECTS

Dans le but spécial d'agrandir les clichés des appareils à main de petits formats, on construit des appareils qui opèrent en quelque sorte automatiquement, la mise au point ayant été réglée d'avance par les fabricants.

Ces amplificateurs ou cônes d'agrandissement sont tous à peu près construits d'après le dispositif suivant :

Au bas d'une pyramide quadrangulaire tronquée se coulisse

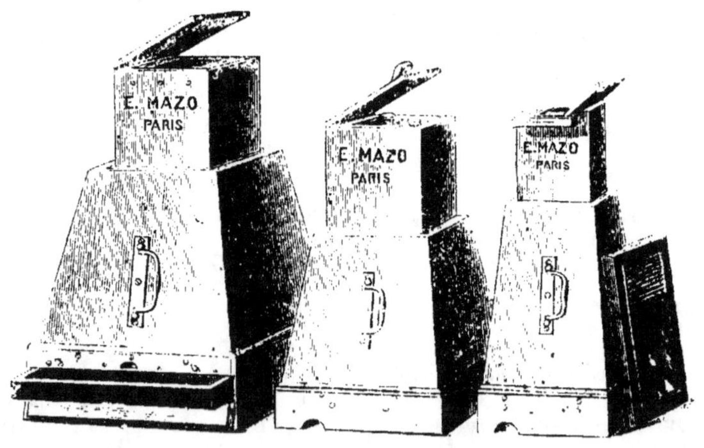

un châssis mobile destiné à recevoir le papier au gélatino-bromure ou la plaque sensible ; en haut se trouve encastré un objectif. Une boite de la forme d'un parallélipipède surmonte la pyramide. A la partie supérieure de cette boite s'enchâsse le cliché à agrandir, qui se recouvre d'une glace dépolie servant à tamiser le jour. Un couvercle à charnière termine l'appareil et fait office d'obturateur.

La plupart de ces appareils n'agrandissent qu'en un seul format, mais il en existe aussi qui sont disposés spécialement pour agrandir en 2, 3 et même 4 dimensions.

Quelques-uns de ces amplificateurs sont construits spécialement pour utiliser l'objectif ayant servi à obtenir le cliché.

La figure 65 représente un amplificateur permettant d'obtenir des épreuves 13×18 d'un cliché 6 1/2×9. La simplicité de sa

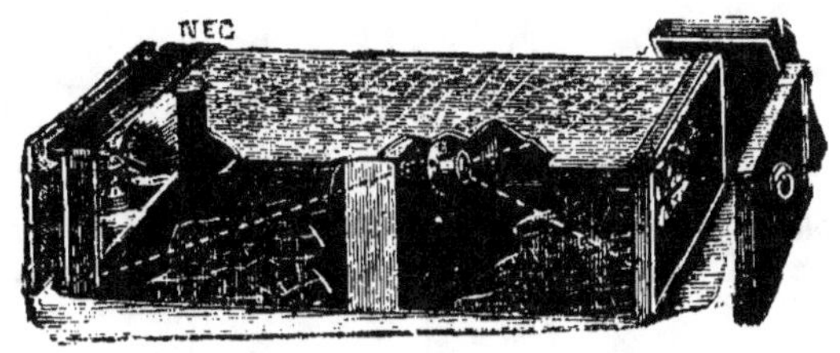

Fig. 65.

construction en fait un appareil aussi pratique que bon marché (24 francs).

Je n'ai pas besoin de m'étendre sur l'emploi, on ne peut plus simple, de ces appareils, sur lesquels sont marqués tous les repères nécessaires.

Pour les questions du temps de pose, du développement ou autres, il suffira de se reporter à ce qui a été dit antérieurement.

DES RÉVÉLATEURS

Les formules suivantes donnent des résultats particulièrement bons avec les papiers au gélatino-bromure.

Oxalate ferreux.

Solution 1 : Eau chaude	1.000	grammes.
Oxalate neutre de potasse........	300	—
Solution 2 : Eau chaude	1.000	—
Sulfate de fer pur..............	300	—
Acide tartrique...................	2	—

Solution 3 : Bromure de potassium à 10 0/0.

Prendre 3 parties de la solution 1 et 1 partie de la solution 2, verser toujours la solution de sulfate de fer dans celle d'oxalate, se servir de la solution de bromure comme retardateur, quelques gouttes suffisent.

Métol-Quinone.

Eau chaude	1.000 grammes.
Sulfite de soude cristallisé	100 —
Métol	5 —
Hydroquinone	8 —
Carbonate de potasse	40

Prendre pour l'usage 1 partie de cette solution pour 3 parties d'eau.

Diamidophénol.

Eau	1.000 grammes.
Sulfite de soude anhydre	20 —
Diamidophénol	5 —
Solution de bromure de potassium à 20/0	10 —

Ce révélateur, ne se conservant pas, doit être préparé au moment de l'employer.

L'amateur trouvera dans la brochure de la bibliothèque d'*Ombres et Lumière* intitulée : **Nos Bonnes Formules**, la composition d'autres révélateurs recommandables.

DU MONTAGE DES AGRANDISSEMENTS

Les papiers au gélatino-bromure sont extrêmement déchirables, le moindre pli produit une cassure irrémédiable. Ils ont, en outre, la fâcheuse tendance de se rouler. Il est donc indispensable de monter les agrandissements sur carton pour pouvoir les conserver.

On procédera de la façon suivante :

On étend l'épreuve dans une cuvette vide, puis, avec une éponge fine, on humecte régulièrement le côté de l'image. Quand, sous l'influence de l'humidité, le papier s'est allongé, on le retourne sur une feuille de papier pelure ou papier Joseph, qui aura l'avantage de se décoller de la gélatine sans l'arracher.

Le *verso* de l'image est ensuite enduit de colle d'amidon au moyen d'un large blaireau. On veillera à ne pas laisser de grumeaux, puis on étend l'agrandissement sur le carton qui lui est destiné.

Mettre sur le papier pelure un autre papier plus résistant, sur lequel on frotte en partant du milieu de l'épreuve, pour chasser sur les bords ce qu'il pourrait y avoir d'excès de colle.

Le papier pelure est retiré et l'épreuve mise à sécher.

DE LA RETOUCHE

La retouche est le complément nécessaire de l'agrandissement. J'avais l'intention d'y consacrer un chapitre, mais, outre que l'espace m'est limité, le *Petit Manuel de Retouche* de la bibliothèque d'*Ombres et Lumière* ne me laisserait pas grand'chose à dire. Je prie donc le lecteur de vouloir bien s'y reporter, certain qu'il y trouvera d'utiles renseignements, comme j'espère qu'il en aura déjà recueilli dans le présent opuscule.

TABLE DES MATIÈRES

Avant-propos 1

De l'agrandissement à la lanterne : Description du matériel nécessaire 3

Description de la lanterne d'agrandissement 4

Du choix des cuvettes 11

De l'agrandissement à la lanterne : Façon de procéder . 11

Du temps de pose 16

Coefficients de clarté 19

Tableau indiquant les distances de l'objectif 20

Du développement 21

Des dégradateurs 22

Agrandissement en plein jour à la lanterne 24

Agrandissement à la lumière du jour 25

Des cônes d'agrandissement et amplificateurs directs . . 28

Des révélateurs 29

Du montage des agrandissements 30

De la retouche 31

Appareil d'agrandissement
"Le 100 francs"
DE MAZO

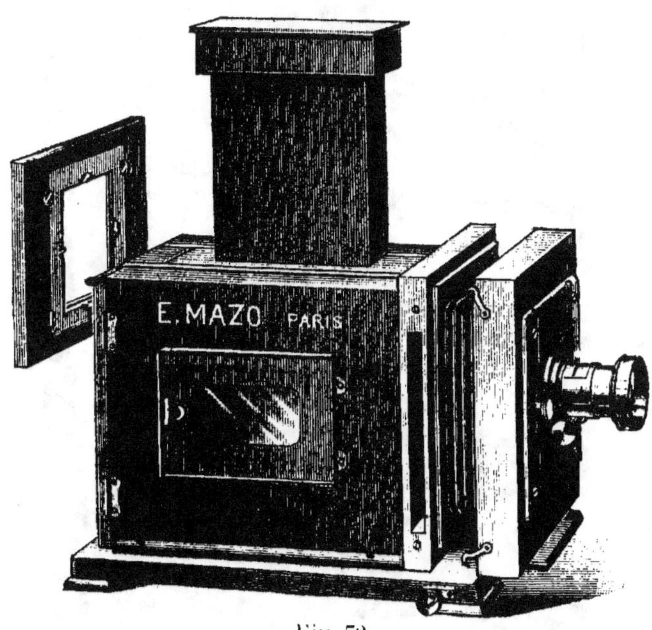

Fig. 72

Cet appareil, du prix de **100 francs**, est livré **absolument complet**. Il se compose d'un corps en tôle pleine avec porte à verre de couleur d'un côté et à œilleton de couleur de l'autre.

La haute cheminée permet l'aération et l'introduction de toutes les lumières y compris le bec Auer. Ce corps est monté sur une embase en noyer ciré et fixé contre un avant du même bois dans lequel s'introduit un châssis carré à renversement pour projeter l'image en hauteur et en largeur. L'avant porte-objectif est monté à soufflet sur un chariot actionné par une double crémaillère avec vis de serrage et décentrement en hauteur, et le soufflet est d'une longueur suffisante pour l'utilisation des objectifs des différents foyers courants.

L'appareil est, de plus, muni d'un objectif 1/4 de plaque à portrait et de combinaison double à iris avec bouchon à verre de couleur rubis ainsi que d'une lampe à bec rond avec son réflecteur ou bien d'une lampe à pétrole à 4 grandes mèches au choix.

N° 75.— **Modèle A pour 9×12 plein.**— PRIX avec condensateur 15 c/m et porte-clichés 13 × 18 et 9 × 12............. **100** »

N° 76.— **Modèle B pour 13×18.** — Le même avec condensateur 22 c/m et porte-clichés 18 × 24 et 13 × 18............ **200** »